TUNTEEN MUOTO 2

Eija Mustonen

TUNTEEN MUOTO 2

Höyheniä
ja piikkilankaa

Omistettu M:lle

KURSORI

Kursori tykyttää näytön pulssilla.

Sormet sentin päässä näppäimistöltä
kuuntelen seireenin laulua:
kirjoita, kirjoita, kirjoita.

Ajatukseni kirjoittavat jo
sormieni puolesta.
Minun on jotain sinua,
sinun kanssasi jonnekin,
jossakin minä sinua,
minä jotakin sinua.
Eivät osaa päättää.

Siinä se rummuttaa,
kiduttaa verkkokalvojani
kuin pisarat
vuotavasta hanasta.
Toistaa samaa kutsua:
kirjoita, kirjoita, kirjoita.

Ethän sinä edes odota viestiäni.

Oikeassa yläkulmassa on ruksi.

VALLOITA MINUT

Vie minut pohjattomasta
yön mustasta ikävästä
aamun kirkkauteen.

Selitä minulle
avaruuden ajattomuus,
ja näytä minulle ikirouta.

Anna minulle vuorovedet,
pakota tähdet lentämään vuokseni,
ja pyydä lintuja laulamaan kirkkaammin.

Tuo minulle kuu.

IDEA

Loistavin idea ikinä!
Kirjoitan runokirjan.

Kirjoitan intohimosta
sinuun,
häneen,
meihin ja teihin.
Katan pöydälle kaikki pronominit.

Horoskoopissa luki jotenkin näin:
"Kaikki on nyt mustaa tai valkoista,
ja tunteet ovat intohimoisia.
Joissakin kielissä
intohimo on kärsimyksen synonyymi,
eikä välttämättä turhaan."

Kirjoitan kärsimyksestä intohimoon.
Vaiko toisinpäin?

Himoitsen sinua ja häntä,
meitä ja teitä,
kaikkia katettuna samaan pöytään.

Istuudun syömään.

SILMÄT

Salaisuuksien verhoamia jääkiteitä,
hyytävän sinistä järven selkää.

Sielun peili,
kyynelistä huurussa,
hinkkaan pyyhkeellä naururypyt kuiviksi.

Ne katsovat kaikkea.
Milli milliltä arvioiden,
tallentaen visuaalista dataa.

Lukevat kuin valmiiksi avattuja sivuja.

Luvatta ne tunkeutuvat
kielletylle alueelle,
jokaiseen soluun.

Tutkivat yltä ja alta,
kaivautuvat syvemmälle.

Koskettelevat sinne sun tänne.

Muistan näkemättä
miten ne valloittivat minut.

HÖYHENIÄ JA PIIKKILANKAA

Kudoin elämäni kudetta.

Joka toinen kerros oli
höyhenpuuhkaa,
joka toinen kerros
piikkilankaa.
Suolaisten kyynelten
ja makean naurun
silkkilankaa.

Vuorotellen
sileää ja karheaa pintaa,
vuorotellen
haaleita ja räiskyviä värejä.

Purin ja kudoin,
kudoin ja purin,
valmiiksi villapaita
ei tullut koskaan.

Aina oli jostain
pudonnut yksi höyhen,
tai piikin kierre auennut,
tai jossain oli kauniimpi vyyhti.

Tai halusin muuten vain
vaihtaa elämäni silmukoita.

TUNNELI

Tunnelin päässä on valoa,
sanoivat viisaat miehet,
mutta kukaan ei kertonut minulle
missä se tunneli on.

Kurkistin kaikkiin siltarumpuihin,
katsoin tuubit ja tötteröt,
tihrustin kiikarilla ja kaukoputkella,
tuijotin silmät kipeinä jokaista rullaa.

Näin pyöreitä valoja,
sokaisevia kipinöitä,
kirkkaita myrskylyhtyjä,
loimottavia lamppuja,
hehkuvia pisteitä.

Mikään niistä ei ollut tunneli.

RAKASTATKO

Rakastatko sinä minua?

Rakastan

Niin kuin...
...airojen määräämä ruuhen suunta
...taiteilijan pensselin pyörre väripaletilla
...aurinkoa seuraavan varjon askeleet

Niin kuin sinä rakastat minua

Niin kuin...
...tiimalasissa pyörivät hiekanjyvät
...kankaan loimien toistuva pujotus
...rantakallion kupeilla hiipivät vuorovedet

Yli ajan me rakastimme sinua
Yli paikan me rakastimme minua

Yhdessä me rakastimme toisiamme,
mutta me emme koskaan rakastaneet meitä

SUHDE

Suhteemme
alku
oli kuin
satukirjasta.

Siitä painoksesta
missä kaikki
on aivan liian
hyvin
ollakseen totta.

Vuoden kuluttua
mikään
ei enää ollut
totta.

JÄNIS MATKALAUKUSSA

Ukkosmyrsky
saatteli sinut matkaan.

Jokaisessa muuttolaatikossa,
matkalaukussa,
nyssykässä ja pussukassa,
veit palan minusta.

Jätit kaatosateeseen seisomaan,
porraspieleen nojailemaan
kaikuna vastaavan onton kuoren.
Sateen oli helppo huuhdella
loputkin mitä sen seinämistä irtosi.

Jyrinä lakkasi,
muuttoauton takavalot
kuorivat salamana
palttoonkin tyhjän päältä.

Puristin taskussani
jäniksenkäpälää.

MINUN OMANI

Minä olen
onnellinen siitä,
että sinä olet.
Minun omani.

Sydämessäni,
sielussani,
aamussa ja yössä sinä olet.
Minun omani.

Eilisessä et vielä ollut,
et ehkä huomisessakaan,
mutta tänään sinä olet.
Minun omani.

Tässä.
Juuri nyt.
Tällä hetkellä sinä olet.
Minun omani.

OPISKELUA

-Muistakaa opiskella myös elämää,
opettaja sanoi.

Raapustin huomisen ja ylihuomisen
suunnitelmani punaiseen vihkoon.
Kirjoitin seuraavan vuoden
lukujärjestyksen elämäni kulusta.
Maikka veti punakynällä kaikki yli.

Piirsin taulukot ja käyrät,
vedin viivasuorat pylväät,
ympyröin reunasta reunaan.
Joku kummasi nekin pois.

Väritin paksuin vedoin,
maalasin jokaisen pinnan
vahvoilla tusseilla
viimeiseen hengenvetooni asti.
Koira söi vihkoni.

ODOTINHAN MINÄ

Sytyttelin kynttilöitä
ikkunalaudat täyteen.
Peitin tienristeyksen
puut keltaisin huivein,
jos vaikka unohdit
mikä on kotipysäkki.

Liehutin leijoja
taivaiden kansilla,
sydämen muotoisia,
jotta ymmärtäisit
rivienkin välistä.

Tavasin suurennuslasilla
kännykän näyttöä.
Kahlasin päivittäin sanomalehtien
"Missä olet" -palstat,
lähes asuin postilaatikossani.

Saapuneissa sähköposteissa
ei koskaan mitään.
Postinkantaja ei tuonut kortin korttia,
kukkakaupan ruusupuskista puhumattakaan.

Odotin yöt, odotin päivät.
Viikot vaihtuivat vuosiksi.
Et sinä tullut, ei edes tuuli
tuonut tuoksuasi.
Odotinhan minä sinua.

JALOKIVI

Piilossa,
maailman katseilta varjossa,
hehkuu
kyynelistä hiottu
jalokivi.

Kuin lasienkelin
siivenkärki,
heijastaen
valoa ympärilleen.

Valoa,
mikä muuttuu
lämmöksi
kohdatessaan ihmisen,
joka kylmissään värisee.

Jalokiven sisältä
voi lukea hehkun,
sinut.

feat. susaberg